时尚运动项目系列丛书 ◆

少儿攀岩运动教学指南

（1~4 年级）

主　编◎朱昌华

西南交通大学出版社

·成　都·

图书在版编目（CIP）数据

少儿攀岩运动教学指南. 1～4 年级 / 朱昌华主编.
成都：西南交通大学出版社，2025. 1. -- ISBN 978-7-
5774-0170-6

Ⅰ. G881-49

中国国家版本馆 CIP 数据核字第 20244M87C2 号

Shao'er Panyan Yundong Jiaoxue Zhinan（1～4 Nianji）

少儿攀岩运动教学指南

（1～4 年级）

主编　朱昌华

责任编辑　梁　红
封面设计　阎冰洁
出版发行　西南交通大学出版社
　　　　　（四川省成都市金牛区二环路北一段 111 号
　　　　　西南交通大学创新大厦 21 楼）
营销部电话　028-87600564　87600533
邮政编码　610031
网址　http://www.xnjdcbs.com
印刷　四川煤田地质制图印务有限责任公司
成品尺寸　146 mm×208 mm
印张　1.625
字数　44 千
版次　2025 年 1 月第 1 版
印次　2025 年 1 月第 1 次
书号　ISBN 978-7-5774-0170-6
定价　20.00 元

本书编写委员会

主　　编：朱昌华

副 主 编：白　玲　阮　威　张浩然　王　勇　晁永鹏
　　　　　孙建安　胡　洁　杨庆彬　欧志勇　李　炎

编　　委（排名不分先后）：
　　　　　李友军　赵　青　樊发璐　肖竹丁　张　剑
　　　　　方　新　张立强　张　丹　孙艳芳　郭　峰
　　　　　田超熊　巫丽娟　王　林　罗梦鸳　邓继刚
　　　　　吴效江　王泽彬　许　明　洪　迪　黄　勇

图片提供：朱昌华

动作示范：董益铭　张承中　刘亚豪　郑天乐
　　　　　朱瑞圻　朱瑞可

鸣谢：成都体育学院运动休闲学院

foreword
序

致同学们

亲爱的同学们：

　　攀岩运动是一项充满挑战、不断突破自我的运动。在向上攀登的过程中，通过最简单的方式，运用技巧和力量去挑战各种角度的岩壁，当然，这也是对自身体能和心理的挑战。请想象，你身处高高的岩壁，登上顶峰、俯瞰大地，是一种多么神奇的体验。

　　攀岩运动对人的要求比较高，除了要具备强大的身体和心理素质外，在攀登过程中，你还需要具备围棋高手的布局思维、体操选手的平衡能力和技巧、芭蕾舞者的优美姿态，以及艺术家无限的想象力。经常参加攀岩运动，不仅会使身体更强壮、反应更灵敏，还会使人变得更勇敢，更坚强，更有智慧。

　　这本书会带你们进入垂直的攀爬世界，你们将会了解到攀岩运动发展的历史，学习到使用手和脚的基本攀登技巧，进行高效的攀爬，享受攀岩运动带来的独特的运动体验。

同学们，少年强则国强，你们是祖国的未来与希望。编写本书，旨在让你们通过积极向上的攀岩运动，学习不畏艰险、顽强拼搏、团结协作、勇攀高峰的登山精神，努力成为有理想、有本领、有担当的社会主义建设者和接班人，为中华民族伟大复兴做出自己的贡献！

编　者

2023年10月

contents
目　录

第一章
攀岩简史

　　攀爬是人类的本能。婴儿呱呱坠地后，首先学会的就是利用手脚攀爬，从而促进整个运动感统的发展。在远古时期，人们为了在恶劣的自然环境下生存，要躲避各种各样的危险，攀爬到高处就是一种有效的躲避危险的方法，可以说，他们个个都是攀爬的高手。

　　悬崖峭壁上生长着很多珍稀的草药，为了生活，有专门的采药人会爬上危险的峭壁去采摘这些奇珍异草；还有专门以采摘燕窝和崖蜜谋生的人，他们也都是攀爬的高手。

　　古时，在战争中，为了取得胜利，勇敢的士兵们要攀上高高的城墙，或者翻山越岭突袭，所以攀爬一直是军队中训练士兵的重要科目。

　　古往今来，我国一些地区的崖壁上深藏着许多悬棺群，它们充满了无尽的奥秘，吸引了无数探寻者，要完成悬棺的放置，也需要具有高超的攀爬能力。

　　此外，人类为了了解不同的地质结构，需要攀登到高处进行科学考察。为了给地球动力学和板块运动等领域提供研究数据，研究印度洋板块和亚欧板块的相互作用，同时为地震预报和防灾减灾提供资料，我国会定期对珠穆朗玛峰进行不间断的测量。2020年12月8日，中国、尼泊尔两国向全世

2020年12月8日，中国、尼泊尔两国向全世界正式宣布，珠峰雪面高程为8848.86米。

界正式宣布，珠穆朗玛峰最新高程为8848.86米。这一基于全球高程基准的珠穆朗玛峰雪面高程一经发布，便成为热门话题。

综上所述，攀爬能力在人类的生存、生产、生活，以及军事、宗教、地质科考等活动中都是非常重要的。

攀岩技术的兴起可追溯至18世纪的欧洲。现代攀岩运动是从登山运动中衍生出来的竞技运动项目，兴起于苏联，最初是军队中的一项军事训练项目。20世纪中叶，攀岩真正成为一项独立的项目。1983年，法国人发明人工岩壁后，攀岩运动得到发展推广。2016年，国际奥委会确认攀岩成为2020东京奥运会正式比赛项目。

世界杯攀岩赛是国际攀联的重要赛事，每年举行一次，运动员参加各地比赛，最后累计总成绩，进行排名。世界攀岩锦标赛每两年举行一次，是全球最高水平的攀岩比赛。

一、攀岩运动的定义

体育运动项目之一。登山运动的一种。利用双手和双脚，辅以少量器具，在有安全保证的情况下，攀越由岩石构成的峭壁、海蚀崖、突石或人工制作的岩壁的竞技运动。

二、攀岩的分类

按照运动场所，可以分为人工场地攀登和自然场地攀登。

人工场地攀岩

自然场地攀岩

按照比赛类别，攀岩运动主要分为三种类型：攀石赛、难度赛和速度赛。

1. 攀石赛

这是一种在相对较低的攀岩墙上进行的活动，通常墙高在5米左右。下方铺设有软垫以提供安全保护。攀岩者在攀爬过程中，一旦双手触及指定的结束点，即算完成攀爬。

2. 难度赛

这种活动在较高的攀岩墙上进行，高度范围从10米到25米不等，有时也被称作"大岩壁"。攀岩者在上方通过绳索进行保护，保护方式包括自动保护、顶绳保护和先锋攀爬。攀岩者需要攀爬至顶端以完成路线。

3. 速度赛

速度攀爬同样在高墙上进行，攀岩者使用自动保护器进行保护。与难度攀爬不同，速度攀爬的路线是固定不变的，攀岩者需要尽可能快速地完成路线，用时最短者为胜。

三、攀岩运动的特点与益处

攀岩运动是颇为刺激的极限运动。

攀岩运动对运动员的身体形态的要求虽不如篮球、排球、投掷等项目高，但也有其自身明显的特征要求。在攀岩比赛中，当支点间跨度较大时，身高、臂长者会占有明显优势。此外，过重的体重会直接破坏攀岩的灵活性，增大了身体和各部位的惯性，从而降低了肌肉收缩的能力，所以攀岩运动员要有和身高成比例的相应体重，才能事半功倍。

目前，攀岩运动深受青少年的喜欢，很多家长希望通过攀岩运动，增强孩子的自信心和身体灵活程度，让孩子们变得勇敢、坚强，而孩子们也能在攀岩运动中逐渐体会到挑战的刺激性，不断地参与新兴运动，挑战自我。

温馨提示

　　攀岩运动不仅是一项体育活动，给人们带来无限的乐趣，还在医学领域中被用作一种康复治疗手段。康复攀岩是一种全身闭链运动模式，它通过肌肉力量和耐力的训练来促进康复。这种训练适用于多种情况，包括肩袖肌肉群损伤、脊柱和腰背部肌肉损伤、膝关节和脚踝关节损伤。此外，它还有助于姿态矫正以及神经和骨伤的康复治疗。

第二章
人工岩壁的历史

　　人工岩壁的历史始于20世纪30年代建造的第一面室外人工岩壁——舒曼岩壁，它是用一块天然的大抱石做成的。

　　1960年，英国有一所名为乌尔斯沃特的学校，这所学校的体育馆里出现了一面岩壁，基本上和现代岩壁样子相似，是用砖和混凝土砌出岩壁上的突出和嵌入部分。

　　1964年，唐·罗宾森建造了第一面商用岩壁。这些早期的人工岩壁通常是攀岩者自己设计并使用的，作为冬季或下雨天不便在户外攀岩时的训练工具。这类岩壁大多数都很粗糙，尖的岩点是用水泥或天然岩石砌到水泥墙上做成的，墙上同时还有浇铸出的缝隙和岩点。

　　1985年，法国人弗兰西斯·沙威格尼发明了可以自由装卸的仿自然人造岩壁，也就是我们今天在攀岩馆和学校看到的人工岩壁。自此，岩壁的外形、设计和攀岩的感觉都发生了变化，螺栓岩点很容易拆除和安装，从而可以随时调整攀岩线路的难度，这是攀岩历史上里程碑式的变革。

　　1988年，我国第一个人工岩场在国家登山训练基地建成，岩壁由8个垂直面、3个缓斜面、内侧3面overhang（超过90°的陡峭岩壁）组成，每个岩面分别设置各式各样的抓手和支点。

第三章
攀岩运动的安全保障

攀岩运动具有一定的危险性，从此项运动诞生之日起，人们就开始不断地研制、生产各种为攀登者提供安全保证和便于此项运动开展的装备和器械。即使有装备的保护，攀登者仍然要慎重，除了勇气和决心外，还需要专业和技巧。敬畏生命、尊重规则、防范风险，为挑战做好充分准备。

一、合格的装备

攀岩装备分保护性和辅助性两大类。

保护性装备包括主绳、安全带、铁锁、绳套、头盔、下降器及保护器等。

辅助性装备包括攀岩鞋、防滑粉袋等。

值得一提的是，因这些装备涉及攀登者生命安全，在购买和选用时必须考虑其材质、设计、安全性以及是否符合个人的技术水平和需求。

二、正确的操作方式

在攀登前，我们必须明确装备的正确使用方式和技术保护手段，合理有效地攀登。

三、丰富的经验

攀登者在攀登的过程中，应不断积累攀登、保护等方面的经验，增强对可能出现的危险情况的预见性，如脱落过程中怎样进行自我保护、在自然岩壁攀登要注意有没有可能被上面掉下的碎石击中。

第四章

结绳技术

利用打结使绳索之间、绳索与其他装备之间相互连接的方法，称为"结绳技术"。结绳技术是攀岩者必须掌握的基本技术之一。

1. 基本结

单结是最基本的结，可以打在绳头、绳尾防止绳端松开或作为绳结的保险，单结还是其他绳结的基础，由单结可以变化出无数的绳结，如双重单结、多重单结等，因此，我们称单结为"万结之母"。

2. 连接安全带

双"8"字结。由于它的外形像数字"8"而得名，是在难度赛先锋攀登中经常使用的连接绳结。

布林结。它是从英文"Bowline"音译而来，意思为系在船首的绳结。它的优点是方便快捷，缺点是不受力时容易松动甚至完全脱开。其应用场景非常广泛。

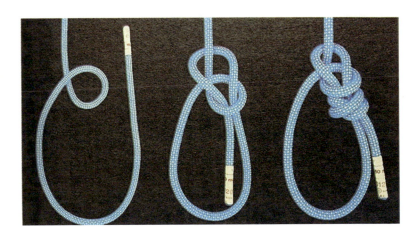

3.连接固定点

双套结。在需要双向受力时，用于开放性的固定点（如铁锁、树桩等）。当绳端负荷消失时容易解开。

4. 绳子间的连接

渔人结。连接直径相同且小于8mm的圆绳，以做成绳套。绳尾留3cm左右，最好用胶布缠上，实用的多为双渔人结，双渔人结实际是两个双重单结组成的。

平结。连接两条材质相同、直径相同的绳子，以增加整体的长度，此绳结仅用于捆扎绳索等，不能直接用于攀登。

第五章

室内攀岩装备

　　室内攀岩是通过攀登人工设计高度、难度不等的岩壁来完成攀岩的体验。

　　与在自然岩壁的攀岩相比，室内攀岩需要的装备要少一些。为了能够安全并快乐地享受攀岩，你需要懂得如何选择和使用这些装备。

　　首先，一定要穿着可以自由活动的宽松运动服。

一、主绳

　　为攀登者与保护者之间建立一种可靠的远程连接，或为操作者提供安全的平稳过度。

● 使用注意事项

★ 应经过国际登山联合会（UIAA）或欧盟（CE）的认证。

★ 存放于阴凉、干燥处。

★ 每次使用前进行检查，当被落石击中后立即进行检查。

★ 使用时，避免放在锐利的岩角上进行横向摩擦、切割。

★ 使用时，不准踩、拖或将其当坐垫，以防岩屑、细沙留在纤维中，缓慢切割绳子，这种伤害是肉眼无法看到的。

★ 避免接触油类、酒精、油漆、油漆溶剂和酸碱性化学药品。

★ 不能购买旧绳子。

二、安全带

为攀登者和保护者提供一种舒适、安全的固定。

● **使用注意事项**

★ 分清上下、里外、左右，不可颠倒、扭曲。

★ 大小相配，松紧适度。

★ 穿好后必须进行检查。

★ 攀登过程中不得解开安全带。

★ 装备挂环不能用于任何形式的保护。

★ 不能购买旧安全带。

三、主锁

在保护系统中作为刚性连接。

　　攀岩主锁的拉力性能是确保安全攀岩的关键因素，主要包括纵向拉力、横向拉力和开门拉力。这些拉力值直接关系到主锁在特定情况下的承重能力，从而影响攀岩者的安全。攀岩主锁的纵向、横向和开门拉力是确保安全攀岩的重要指标，不同类型的主锁在这些方面有所不同，但都以满足或超过国际安全标准为目标，以确保攀岩者的安全。例如，纵向拉力大于22KN，横向拉力大于7KN，开门拉力大于7KN。

● 使用注意事项

★ 保证纵向受力。

★ 丝扣锁在使用过程中要拧紧丝扣。

★ 尽量避免坠落，若坠落高度超过8米，并撞击到硬物，就要报废。

四、扁带

在保护系统中作软性连接。

五、下降器（保护器）

常用的保护器有八字环、ATC、GRIGRI等。在保护和下降过程中，通过它在保护绳之间产生的摩擦力来减小操作者所需的握力。

六、攀岩鞋

鞋底采用特殊的硬橡胶，摩擦力大，前掌稍厚，鞋身由坚韧的皮革制作，鞋头较尖。穿上这种鞋，脚可以踩稳很小的脚点。

七、镁粉及粉袋

镁粉的作用是吸收手上的汗液和岩壁表面的水分，提供良好的摩擦性能，保证在岩石和人工岩壁上的良好表现。粉袋是装镁粉的一个小袋子，通常系在腰间，方便在攀爬的过程中随时取用。

第六章

室内攀岩的基本技术

近年来，室内攀岩这项小众运动在中国逐渐流行，深受青少年喜爱。下面，我们一起来认识室内攀岩中常见的岩壁、岩点，了解一些必须要掌握的基本技术。

一、岩壁

通过观察岩壁，你会发现岩壁有很多不同的角度和特点，坡度的设计不同，攀爬线路也会不同。有的岩壁被设计成与天然岩石相似的样式，还有一种岩壁更抽象，被漆成各种各样的颜色，有点像一个巨大的岩壁游乐场。岩壁的建造不仅融合了很多构想，而且设计丰富，接下来我们一起认识一下。

二、岩点

仔细观察岩壁，你会发现岩壁上有各种各样的支点或造型，它们提供给攀登者手和脚可以着力的支撑，每一个岩点或者造型都有一个适合你发力的部位，我们把这个部位叫作岩点的"开口方向"。有的岩点只有一个"开口方向"，而有的岩点有几个"开口方向"。观察到点的"开口方向"之后，你就可以调整身体姿态，以便更好地将身体稳定到岩壁上。

三、手抓点的方法

岩点"开口方向"的大小及角度决定了你用什么样的手法去控制它。

有的岩点"开口方向"很大，可以放下攀岩者单手甚至双手的手指，我们就用"抓"的手法。根据岩点的角度，我们又分为正抓、侧抓、反抓等不同的手法。

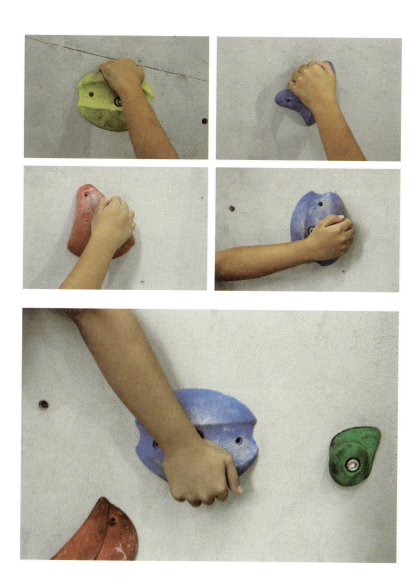

　　有的岩点"开口方向"很窄，只能放下手指的指尖部分，是模仿野外攀岩中常遇到的岩石边角易于抓握处制作的。它们比抓握点体积小，与岩壁间也有一定距离和缝隙，但缝隙较浅，我们可用"抠"的手法。根据岩点的角度，又分为正抠、侧抠、反抠等不同手法。

　　小扣扣点是一种体积很小、着手点在其窄小的边缘，需要用指尖抠紧才能发力移动身体的岩点。抓握方向也各式各样。

　　有的岩点表面呈球面，可以放下整个手掌，一般体积较大，需要张开手指，用手掌直接接触表面，放低重心，利用重力增加手掌和岩点之间的摩擦力才能抓牢。这种情况下，我们可以用"拍"的手法。

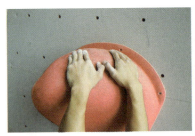

　　有的岩点上有一个或几个孔洞，这是模仿野外攀岩中遇到的有凹坑的岩石点。这种岩点的着手点在中间像口袋一样的孔洞中，一般最多

只能同时容纳三根手指。需要用手指钩住孔洞发力。我们可以用"戳"或"搭"的手法。

有的岩点的"开口方向"在左右两侧，我们可以用大拇指和其余四指对抗，就像钳子一样的"捏"的手法。

岩壁的表面会有像裂缝一样的地方，有的可以容下整个手掌，我们可以用"手塞"的方法；有的只能容下一根或几根手指，我们就用"指塞"的手法。

随着室内攀岩运动和岩点制造工艺的发展，室内攀岩已经不仅仅作为攻克野外线路的模拟训练工具，而逐渐发展成一项独立的运动。室内岩点的形态也逐渐脱离了对野外岩壁的模仿，而出现了更多风格独特的造型点。

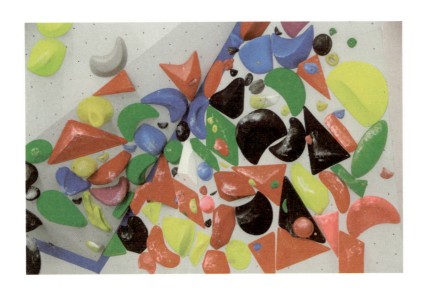

我们的手是世界上最灵活和最聪明的"工具"，只要你学会观察，你就会根据岩点或造型的"开口方向"的不同采用各种各样的手法。当然，还需要通过多攀爬各种各样的线路来积累经验，提升攀岩能力。

四、手上移动的技术

攀岩是一个"平衡的游戏"，由一个平衡的状态，移动打破平衡，然后抓到下一个岩点，建立一个新的平衡。当我们使用恰当的手法将自己稳定到岩壁上之后，我们就要做出移动，打破原有的平衡状态，进入到下一个平衡状态，循环往复，我们就在岩壁上"舞动"起来了。

在移动过程中，手上的移动技术基本分为以下几种。

我们控制住一个很好抓的岩点，周围又没有其他好抓的岩点时，我们就要充分利用好这个好抓的岩点，用"换手"的技术实现移动，换手通常分为预留式换手、接力式换手、空中换手。

当周围有多个可以抓的岩点时，为了提高移动效率，我们可以使用"交叉手"的技术实现移动。

由右向左移动交叉手 1

由右向左移动交叉手 2

由左向右移动交叉手 1

由左向右移动交叉手 2

五、脚踩点的方法

脚踩点的种类不像手抓点的方法那么多，在面对丰富多样的岩点时，应对的方式偏少，因此，脚的踩法就显得更加重要。在攀爬时，如果能将更多的体重落在脚上，会极大地减少手上的负担，让你的攀爬"轻松自如"。

1. 正踩

当你正面面对岩壁时，可采用鞋前正踩的脚法踩点，踩稳之后，稍稍放低你的脚后跟，这样能够踩得更稳，并可以减轻小腿肌肉的负担，缓解和预防腿抖。

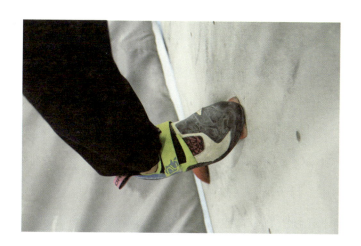

2. 内侧踩

用鞋尖的内侧踩在岩点上，这种踩法最好发力。

3. 外侧踩

用鞋尖的外侧踩在岩点上，叫作"外侧踩"，通常配合侧身发力的动作使用。

以上是常用的脚踩点的方法，随着攀爬技术的提升，你将会用到更多的脚法，如勾脚、挂脚、压脚、塞脚等。

六、脚部移动的技术

为了实现重心的转移，配合相应的手法，脚部移动的技术通常分为以下几种。

1. 换脚

通常岩壁上可利用的脚点是非常少的，所以，换脚技术是经常使用到的脚下移动的技术。换脚技术分为预留式换脚、接力式换脚、空中换脚。

预留式换脚

接力式换脚

空中换脚

2. 交叉脚

当相邻的脚点距离适中时，除了用换脚技术外，还可以采用交叉技术来提高移动效率。

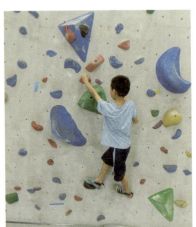

由右向左移动交叉脚 1　　　　　　　　　由右向左移动交叉脚 2

由左向右移动交叉脚 1　　　　　　　　　由左向右移动交叉脚 2

3. 起攀式

起攀式与百米运动员的起跑式有相似之处，是在岩壁上稳定住，准备开始攀爬的一种姿态，是攀岩最基础的平衡技巧，同时它也是攀爬过程中休息调整的一种最合理的姿态。

如图所示，攀爬者右手抓住岩点，重心控制在两脚之间。

如何才能提高攀爬技术呢？你需要做到以下几点。

1. 选择正确的技巧

好的技巧会让你的攀爬更省力，动作姿态更优美。要不断提升面对不同的线路时能快速找到最合理的技巧的能力。

2. 实践

通过不断地攀爬不同风格、不同类型的线路，丰富动作，才能在面对各种线路时表现得游刃有余。

3. 补足短板

找到自己攀爬能力方面的不足，可能体现在力量、柔韧性、爆发力、协调性、动态等方面，在保证自己擅长的动作技巧的同时，努力提升你的弱项。这样会让你的攀爬技能更上一层楼。

4. 观察并学习

仔细观察，虚心学习优秀攀爬者的动作。

第七章

攀岩运动的训练方法

少儿的身体不断发育，尤其是手指，动作越来越灵活，但也容易受伤。攀岩时，少儿的手指受伤的风险更大。因此，建议少儿在进行攀岩训练时，尽量少攀爬难度过高的线路，不要参加强化手指、悬吊指力板和木条指力板的训练，一旦手指疼痛，一定要重视，必要时可咨询医生。

一、力量训练

少儿心脏和肌肉发育尚不完全，不能在练习中加入过多的力量和耐力素质练习。

要多利用岩壁攀爬去自然发展力量、耐力等专项素质，尽量使用克服自身重力的徒手训练方式，如单杠悬垂、卷腹、跳绳、跳低栏架、蛙跳、收腹跳、台阶跳、跨步跳、单足跳等。

少用或不用借助器械的力量训练和指力训练，如杠铃、哑铃、壶铃、指力板、指力条等。

二、柔韧性训练

柔韧性对攀岩者来说是非常重要的，它决定了身体在岩壁上控制的范围。

5~9岁是儿童发展柔韧性的关键阶段。在此期间，指导儿童进行柔韧性练习时，应采用有趣且富有吸引力的内容和方式，以增强他们对此类练习的兴趣。

此外，确保在柔韧性练习前进行热身运动，提升肌肉温度，从而增强柔韧性训练的效果。理想的热身运动是5~10分钟的低强度全身性有氧训练。

各年龄段柔韧性训练建议：

5~9岁：处于这个年龄段的幼儿很难坐下来做静态拉伸，建议多做动态拉伸，如踢腿、弓步压腿、手臂打开向后画圈等。

9~12岁：这个年龄段的孩子在体重和肌肉力量方面增长较多，训练后应多增强柔韧性的拉伸训练。

12~15岁：这个年龄段的青少年正值"生长突增"期，在这个阶段，肌肉和结缔组织跟不上骨骼的生长速度。适当的柔韧性训练有助于加强那些容易受伤的部位，如大腿和腰部肌肉等。

三、速度训练

速度素质分为反应速度、动作速度和位移速度。

6~12岁是发展反应速度的敏感期，尤其是9~11岁，增长明显加快，到12岁时，增长达到高峰。

在此阶段，可以采用信号刺激法，如看手势或听声音进行10米冲刺跑、折返跑等。

13~14岁是有效发展动作和速度的年龄段。我们只有抓住这一年龄段发展动作和速度，才能取得最佳的效果。

发展动作和速度常用的训练方法有利用外界助力法，减小外界阻力法（如下坡跑、借助弹力带等），利用动作加速或变化重量的后效作用法，缩小完成练习的时、空界限法和反复进行快速动作练习法五种，但最易行、最常用的还是反复进行快速动作练习法，如高频小步跑、半高抬腿跑、高抬腿跑等。

第八章

青少年攀岩运动竞赛

　　为助力建成体育强国目标的实现，在攀岩"入奥、入亚、入全"的新形势下，国家体育总局登山运动管理中心和中国登山协会积极调动社会力量，整合优势资源，结合我国青少年身心发展状况和攀岩项目特点，逐步建立并不断完善由"攀岩希望之星""攀岩进校园"构成的普及推广体系、青少年攀岩竞赛体系、青少年攀岩训练体系、国少队以及配套体系等组成的金字塔式青少年攀岩发展体系。

　　青少年攀岩赛事体系和青少年攀岩训练体系是青少年攀岩发展体系中的重要组成部分，作为金字塔的塔身部分，一直秉承"以赛促训、赛训结合"的工作思路。经过多年发展，根据赛事规模、年龄段、水平等进行分级分类，青少年攀岩赛事体系包括以全国少年攀岩锦标赛、全国青少年U系列攀岩联赛、全国青少年攀岩公开赛为核心的三大品牌赛事，辅以形式多样、赛制灵活的，定位于普及推广的全国攀岩希望之星系列赛，兼顾了不同水平阶段青少年普及推广与竞技提高的需要，最大限度地发挥赛事对项目发展的促进作用。

1. 全国少年攀岩锦标赛

全国少年攀岩锦标赛是全国水平最高、赛事级别最高的少年攀岩赛事。按照年龄分为U7（7岁）、U8（8岁）、U9（9岁）、U11（10～11岁）、U13（12～13岁）5个年龄组，各年龄组再分设男、女两个组别，比赛设攀石赛、难度赛、速度赛3个项目。

2. 全国青少年U系列攀岩联赛

全国青少年U系列攀岩联赛是一项针对青少年攀岩爱好者的全国性赛事。比赛按年龄分为U8(7～8岁)、U9(9岁)、U11(10～11岁)、U13(12～13岁)、U15(14～15岁)5个组别。其中，U11、U13、U15三个组设置速度赛、难度赛、攀石赛和全能赛4个项目，U8、U9两个组设置速度赛和难度赛。值得一提的是，U7、U8、U9三个组不设攀石项目。

3. 全国青少年攀岩公开赛

全国青少年攀岩公开赛是一项重要的全国性赛事，旨在选拔优秀的青少年攀岩运动员，并为他们提供展示自己技艺和竞技水平的平台。比赛根据年龄分为U7（7岁）、U8（8岁）、U9（9岁）、U11（10~11岁）、U13（12~13岁）和U15（14~15岁）6个组别。每个年龄组别下再细分为男子组和女子组，确保公平竞赛。设难度赛和速度赛两个项目。

4. 全国青少年攀岩冠军赛

全国青少年攀岩冠军赛是一项极具影响力的赛事，它不仅是年轻选手展示自我的舞台，也是挖掘和培养攀岩新星的重要平台。比赛根据年龄，分为男女U17组、男女U15组、男女U13组、男女U11组、男女U9组，比赛设难度赛、攀石赛、两项全能赛、速度赛4个项目。